# La ronde des émotions

**Molly Potter**

ILLUSTRÉ PAR **Sarah Jennings**

TEXTE FRANÇAIS D'**Isabelle Fortin**

**Éditions**
**SCHOLASTIC**

Pour Caroline, qui gère très bien ses émotions.

Catalogage avant publication de Bibliothèque et Archives Canada

Potter, Molly
[How are you feeling today? Français]

La ronde des émotions / Molly Potter ; illustrations de Sarah
Jennings ; texte français d'Isabelle Fortin.

Traduction de : How are you feeling today?
ISBN 978-1-4431-4977-8 (couverture souple)

1. Émotions--Ouvrages pour la jeunesse. I. Jennings, Sarah
(Illustratrice), illustrateur II. Titre. III. Titre: How are you feeling today? Français

BF561.P6814 2016          j152.4          C2015-903892-8

Édition publiée par les Éditions Scholastic, 604, rue King Ouest, Toronto (Ontario) M5V 1E1,
avec la permission de Bloomsbury Publishing Plc.

6 5 4 3 2     Imprimé en Chine CP156     16 17 18 19 20

# Comment te sens-tu aujourd'hui?

Toutes nos actions et nos pensées sont accompagnées d'émotions.
Parfois, ces émotions sont agréables et d'autres fois,
elles ne le sont pas.

Certaines émotions sont intenses et d'autres sont
plus légères. Les plus légères passent presque inaperçues.
Quand on ressent une émotion, on a la possibilité de
choisir comment y réagir. Il arrive qu'on décide d'ignorer
l'émotion et qu'elle disparaisse, mais parfois celle-ci prend
le dessus et on n'arrive plus à penser à autre chose.

Plonge-toi dans ce livre pour découvrir
plein de façons de gérer diverses émotions.

# Si tu es...

## heureux

va à la page 6.

## fâché

va à la page 8.

## gagné par l'ennui

va à la page 10.

## inquiet

va à la page 12.

## triste

va à la page 14.

## excité

va à la page 16.

# grognon

va à la page 18.

# effrayé

va à la page 20.

# calme

va à la page 22.

# jaloux

va à la page 24.

# embarrassé

va à la page 26.

# timide

va à la page 28.

# Quand tu es **heureux,** tu peux...

Essayer de rire. Fais semblant au début, puis observe si ton rire devient sincère. On te jettera peut-être de drôles de regards!

Faire une liste ou un dessin d'aliments, de gens, de lieux et d'autres choses qui te rendent heureux, par exemple, manger du gâteau au chocolat ou faire voler un cerf-volant.

Ha, ha, ha, ha!

Rendre quelqu'un heureux en lui disant à quel point il est extraordinaire.

Fredonner, siffloter ou chanter à tue-tête.

Lalala lalala!

T'imaginer l'apparence, la sonorité, le goût, l'odeur et la sensation du bonheur. Fais comme si tu mangeais ou câlinais du bonheur!

Faire une « boîte à bonheur ». Remplis une boîte de choses qui te rendent heureux. Ajoutes-y des photos et des paroles agréables que les gens t'ont écrites.

Sautiller et faire en sorte que les gens se demandent ce qui te rend si heureux!

Faire un collage de sourires. Découpe des visages souriants dans des magazines et colle-les sur une grande feuille de papier. Tu peux aussi en dessiner toi-même.

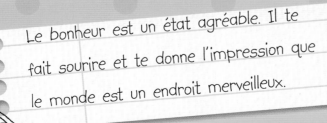

Le bonheur est un état agréable. Il te fait sourire et te donne l'impression que le monde est un endroit merveilleux.

7

# Quand tu es **fâché,** tu peux...

Te rouler en boule, froncer les sourcils et serrer les dents.

Dessiner plein de nuages pour aider ta colère à s'envoler.

Courir très vite sur place jusqu'à ce que tu sois vraiment épuisé.

Frapper sur un oreiller (mais pas trop fort!).

Te répéter « ça va aller » encore et encore jusqu'à ce que tu y croies.

Ça va aller.
Ça va aller.

Fermer les yeux et respirer à fond.

Aller faire une promenade dans la cour ou dans le parc.

Compter à rebours à partir de 100 (essaie de ne pas t'endormir!).

97, 96, 95, 94...

La colère est une émotion désagréable. Elle peut transformer ton visage et te faire serrer les dents. Parfois, elle te donne envie de frapper sur des objets, mais ce n'est jamais une bonne idée parce que tu risquerais de blesser des gens ou d'abîmer des choses.

# Quand tu es gagné par **l'ennui,** tu peux…

T'asseoir, rester immobile et t'imaginer à la plage en train de déguster une crème glacée par une chaude journée ensoleillée.

Trouver une façon de rire aux éclats, en se chatouillant par exemple.

Ranger un tiroir ou une étagère en désordre.

Te promener partout chez toi en tentant de repérer chaque lettre de l'alphabet.

Regarder de vieilles photos et observer à quel point tu as changé.

Te trémousser sur de la musique entraînante!

Tenter de recopier une image d'un livre que tu aimes.

Explorer ta maison et ta cour pour y découvrir les cinq plus beaux endroits.

Quand tu t'ennuies, rien ne t'intéresse et tu ne sais pas quoi faire. Les choses ne te semblent pas du tout amusantes. Ce n'est pas agréable de s'ennuyer, mais cela arrive à tout le monde.

# Quand tu es **inquiet**, tu peux...

Aller voir quelqu'un en qui tu as confiance et lui parler de ce qui te préoccupe.

Imaginer une machine géante qui t'enlève tous tes soucis.

Visualiser ce qui t'inquiète dans une bulle que tu souffles loin dans le ciel.

Regarder un film ou une émission de télévision que tu aimes beaucoup et ne te concentrer sur rien d'autre.

Penser à une chanson drôle.

Inspirer profondément à plusieurs reprises.

T'imaginer en train de flotter dans une eau calme et limpide aux reflets turquoise.

T'imaginer vraiment beaucoup plus grand que la chose qui t'inquiète.

L'inquiétude n'est pas un état agréable. Souvent, on est inquiet quand on pense sans arrêt à quelque chose de désagréable qui pourrait arriver.

# Quand tu es **triste**, tu peux...

Trouver quelqu'un qui te rend heureux d'habitude et t'asseoir près de lui.

Chercher un endroit bien confortable et pleurer toutes les larmes de ton corps.

Faire plaisir à quelqu'un.

Rêvasser à un événement que tu attends avec impatience.

Sauter sur place en écartant les bras et les jambes jusqu'à ce que tu sois à bout de souffle.

Danser de manière étrange sur de la musique joyeuse.

Trouver un endroit tranquille où t'asseoir et observer calmement les pensées qui surgissent.

T'imaginer en train de rire aux éclats.

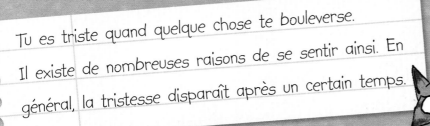

Tu es triste quand quelque chose te bouleverse. Il existe de nombreuses raisons de se sentir ainsi. En général, la tristesse disparaît après un certain temps.

# Quand tu es **excité**, tu peux...

T'écrier « youpi » ou « yé » avec une petite voix aiguë.

Imaginer ce qui se passe dans ton ventre et déterminer si ça ressemble à des papillons, à un feu d'artifice ou à des bulles qui éclatent.

Arborer un sourire radieux en montrant tes dents.

Dire à quelqu'un pourquoi tu es si excité.

Inventer une « danse énervée » en n'utilisant que tes mains.

Sauter aussi haut que tu peux jusqu'à ce que tu aies l'impression de pouvoir toucher le ciel.

Youhou!

Taper des mains très vite.

Dessiner quelque chose qui représente l'excitation (si tu peux rester tranquille assez longtemps!).

L'excitation peut être un état très agréable. En général, tu es excité quand tu as vraiment hâte que quelque chose se produise ou que tu es très heureux. Lorsqu'on est excité, on a souvent l'impression d'avoir des papillons dans le ventre.

17

# Quand tu es **grognon,** tu peux...

T'asseoir, rester immobile et fixer un mur.

Faire une activité toute simple que tu aimes.

Sortir dehors, bien fermer les yeux, puis te placer face au vent et sentir sa caresse sur ton visage.

T'installer dans un coin confortable et bouder. Répondre en souriant à ceux qui te demandent ce que tu fais : « Je boude dans mon coin. »

Soupirer et lever plusieurs fois les yeux au ciel.
Ça pourrait te faire rire!

Imaginer que tu es un monstre grognon qui rencontre un magicien et que, d'un coup de baguette magique, celui-ci te transforme en un énorme monstre doux et souriant qui offre des cadeaux à tout le monde.

Aller t'étendre sur ton lit, fermer les yeux et imaginer que tu prends un bain dans de la gelée.

JE SUIS GROGNON
Je suis grognon
JE SUIS GROGNON  Je suis grognon
Je suis grognon

Répéter « je suis grognon » à plusieurs reprises en prenant toutes sortes de voix.

Être de mauvaise humeur, ce n'est pas agréable. Quand tu es grognon, tout t'énerve. C'est peut-être parce que tu es fatigué ou obligé de faire quelque chose que tu n'aimes pas. Quand on est grognon, on a parfois envie de s'installer dans un coin et de bouder.

# Quand tu es **effrayé,** tu peux…

Courir vraiment très vite et t'éloigner du danger le plus rapidement possible.

Appeler à l'aide en criant très fort.

Dire très clairement que tu as peur.

Fermer les yeux, si ça te rassure.

Rire en montrant du doigt des choses effrayantes.

Imaginer que la chose qui te fait peur est assez petite pour tenir dans ta main.

Penser au moment où tu n'auras plus peur parce que ce qui t'effraie aura disparu.

T'imaginer en train de manger un pouding géant avec une toute petite cuillère.

Les gens ont peur quand ils se sentent en danger ou quand ils ne sont pas à l'aise parce qu'ils ont quelque chose de nouveau à faire. En général, quand tu as peur, ton cœur bat plus vite que d'habitude.

# Quand tu es **calme**, tu peux...

Prendre un bain chaud et relaxant rempli de mousse.

Sortir dehors et respirer l'air frais.

Chercher l'endroit le plus calme de ta maison et t'y installer.

Déguster une boisson chaude et te réchauffer les mains en tenant bien la tasse.

Imaginer qu'un magnifique papillon bleu virevolte autour de toi.

Parler calmement à ton animal de compagnie, si tu en as un.

Aujourd'hui, j'ai envie d'être calme.

Expliquer que tu es calme et que tu préfères éviter les endroits bruyants.

T'étendre sur ton lit et observer les nuages à travers la fenêtre.

Tout le monde a parfois envie d'être tranquille, de ne rien faire de bruyant et de rester à l'écart.

23

# Quand tu es **jaloux** ou **envieux**, tu peux...

Aller dans ta chambre et regarder toutes les choses merveilleuses que tu possèdes.

Aller voir quelqu'un avec qui tu te sens bien et lui demander de te dire quelque chose de gentil.

T'exercer à féliciter les autres et à les complimenter quand ils font quelque chose de bien.

Sourire pendant exactement une minute.

Tenter d'être heureux pour les autres et de célébrer leur réussite avec eux.

Dire « beau travail » ou « tu es chanceux » quand quelqu'un fait quelque chose de bien.

Beau travail!

Te considérer comme chanceux; il y a toujours des gens moins chanceux que soi.

Un festin rien que pour moi.

Imaginer que tu es un roi ou une reine très riche.

On est jaloux ou envieux lorsqu'on veut être comme quelqu'un d'autre, ou lorsqu'on veut une chose qu'une autre personne possède, ou lorsqu'on a l'impression qu'un ami ou une amie a envie d'être avec une autre personne que nous. La jalousie n'est pas une émotion agréable.

# Quand tu es **embarrassé**, tu peux...

Rester bien occupé.

Te rappeler que, bientôt, personne ne se souviendra de ce qui s'est passé.

Rire de toi et sourire en repensant à ce que tu as fait.

Tirer une leçon de tes erreurs pour éviter de les refaire.

T'imaginer dans une émission drôle en train de faire rire le public.

Oups!

Te rappeler que ça arrive à tout le monde d'être embarrassé.

Te dire que ça aurait pu arriver à n'importe qui.

Demander à d'autres personnes de raconter à quelle occasion elles ont été embarrassées et découvrir l'histoire la plus drôle.

Tu ressens de l'embarras quand tu fais quelque chose qui te donne l'impression d'avoir l'air bête ou ridicule. Quand on est embarrassé, notre visage devient parfois tout rouge.

27

# Quand tu es **timide**, tu peux...

Te dire qu'il n'y a aucun problème à être une personne discrète.

T'imaginer que tout le monde ressent la même chose que toi.

Te rappeler que la plupart des gens se sentent parfois gênés.

Être courageux, sourire et saluer quelqu'un joyeusement.

Te tenir près de gens que tu connais bien quand tu rencontres de nouvelles personnes.

Trouver une question simple à poser à quelqu'un.

Parler d'une activité que tu aimes beaucoup.

Te convaincre de faire un compliment à quelqu'un.

Quand on est timide, on se sent mal à l'aise ou on a un peu peur d'être avec les gens. On est souvent gêné en présence de nouvelles personnes ou de personnes qu'on connaît peu.

## Qu'est-ce que l'aptitude émotionnelle?

Vous avez peut-être déjà entendu le terme *aptitude émotionnelle* à l'école de votre enfant et vous vous êtes demandé ce que cela signifiait. La manière la plus simple de l'expliquer est de décrire l'enfant qui a une bonne aptitude émotionnelle.

## Un enfant qui a une bonne aptitude émotionnelle...

- est conscient des émotions qu'il ressent et peut généralement les nommer ou les définir;
- comprend habituellement ce qui a causé l'émotion;
- connaît la meilleure façon d'agir pour gérer l'émotion;
- sait tenir compte des émotions des autres dans toutes les situations.

## Pourquoi l'aptitude émotionnelle est-elle importante?

Si vous avez déjà essayé de penser de manière claire quand vous étiez très fâché, vous savez que les émotions peuvent avoir beaucoup de pouvoir sur nous. Les émotions font partie intégrante de la condition humaine et ne sont pas un problème, tant que nous possédons les outils nécessaires pour les faire disparaître presque aussi facilement qu'elles sont apparues. Les émotions saines vont et viennent, mais ne s'enracinent pas.

Les émotions sont très réelles et il est malsain de les ignorer ou de feindre qu'elles n'ont pas d'effet sur notre enfant. La manière dont ce dernier apprend à gérer ses émotions a une grande influence sur sa vie.

## L'enfant qui est apte à bien gérer ses émotions...

- noue et entretient des relations saines;
- communique ouvertement et n'est pas sur la défensive;
- affronte les défis de manière positive et sans trop d'anxiété;
- est moins stressé;
- profite plus de la vie.

L'enfant qui n'arrive pas à gérer correctement ses émotions se retrouve « pris au piège » et ressent la même émotion chaque fois qu'une situation semblable se répète. La situation en question devient alors un déclencheur de l'émotion. Par exemple, si un enfant éprouve toujours de la honte quand on lui demande de lire parce qu'il a de la difficulté à le faire et que cette émotion n'est pas bien gérée, l'enfant associera systématiquement la lecture à une émotion négative.

## Quels sont les signes révélant qu'un enfant n'a pas une bonne aptitude émotionnelle?

Quand un enfant n'a pas appris à bien gérer ses émotions, il...

- ne peut pas décrire ce qu'il ressent;
- parle rarement de ses émotions;
- ne demande pas d'aide et n'en attend pas s'il ne se sent pas bien;
- exprime ses émotions de façon inappropriée, par exemple en frappant, en criant ou en boudant;
- ne se rend pas compte qu'il est dominé par ses émotions.

## L'aptitude émotionnelle chez les garçons

La verbalisation des émotions n'est pas seulement importante pour les filles. Comme on encourage souvent ces dernières à partager ouvertement leurs émotions, elles ont généralement moins besoin de soutien que les garçons. À l'opposé, on attend des garçons qu'ils soient « forts », ce qui, malheureusement, les pousse souvent à conclure que la colère est la seule émotion qu'ils ont le droit d'exprimer. Ils risquent alors de se sentir vraiment « coincés » sur le plan émotionnel, ce qui est plutôt malsain.

## Comment puis-je aider mon enfant à avoir une bonne aptitude émotionnelle?

Les jeunes enfants doivent apprendre à gérer leurs émotions de manière saine. Ce sont les adultes les plus importants pour eux qui les aident à développer cette aptitude. Voici comment vous pouvez aider votre enfant à devenir compétent sur le plan émotionnel :

### 1. Reconnaître les émotions

Si vous ignorez ou niez les émotions de votre enfant, celui-ci se sentira encore plus mal. Les enfants vivent des émotions qui sont bien réelles pour eux (comme pour les adultes). On peut reconnaître les émotions en utilisant des phrases comme « je vois que tu es fâché » ou « moi aussi, je serais triste si ça m'était arrivé ».

## 2. Discuter des émotions

Parlez à votre enfant de ses émotions et posez-lui des questions comme :

- Qu'est-ce qui a causé cette émotion?
- Peux-tu décrire ton émotion?
- Ressentirais-tu la même chose dans une autre situation?
- Quel genre de situation te rend heureux, triste, fâché, excité, etc.?

## 3. Aider son enfant à comprendre les choix qui s'offrent à lui selon l'émotion qu'il ressent

Un enfant ne peut s'empêcher d'être fâché, inquiet, effrayé ou bouleversé, mais il peut choisir la manière dont il réagit à l'émotion ressentie. Ce livre propose des manières positives de réagir aux diverses émotions.

Aidez votre enfant à comprendre que certaines réactions sont inutiles quand on est triste, par exemple bouder, pleurnicher ou faire de la peine à une autre personne, et que d'autres réactions sont utiles, notamment se confier à quelqu'un, faire une activité réconfortante ou se demander si on peut changer la situation.

une émotion est
une émotion

on ne peut pas la nier

MAIS

on peut

CHOISIR

sa manière de
réagir

RÉAGIR       RÉAGIR

RÉAGIR

quand on est envahi par
une émotion désagréable

## 4. Aider son enfant à imaginer ce que les autres ressentent (développer de l'empathie)

Un enfant qui sait se mettre à la place des autres a plus de chances de bien réagir dans les situations où des émotions difficiles sont en jeu. Il a aussi plus de chances de se faire des amis et d'être heureux.

Aidez votre enfant à développer son empathie au moyen d'histoires, d'images, d'émissions de télévision ou de situations réelles favorisant les discussions sur ce que les gens ressentent. Encouragez les jeunes enfants à « lire » sur le visage des autres et à se demander comment ces derniers se sentent.

## Voici d'autres moyens pour aider son enfant à bien gérer ses émotions

### Observation du comportement

Quand votre enfant boude, crie ou se retire silencieusement dans sa chambre, il vous donne des indications sur l'émotion qu'il vit par son comportement. Ces situations sont de bonnes occasions d'entamer une conversation sur les émotions. Vous pouvez commencer par tenter de deviner l'émotion ressentie et sa cause.

### Outils visuels

Il existe une variété d'outils présentés sous forme d'affiches ou d'images (dont ce livre) qui permettent d'aider son enfant à reconnaître et à comprendre les émotions désagréables.

### Tableau des émotions (voir page suivante)

Si votre enfant a eu une journée difficile, le tableau des émotions pourrait l'aider à réfléchir sur ce qui s'est passé et sur les émotions positives ou négatives qu'il a ressenties. Demandez à votre enfant de repenser à sa journée, puis de tracer une ligne sur le tableau. Pour les émotions positives, on trace la ligne en haut du tableau et pour les émotions négatives, on trace une ligne en bas. L'enfant peut ensuite écrire près de la ligne ce qui a causé les divers changements émotionnels au cours de la journée, et vous pouvez en discuter avec lui.

bonheur

colère

ennui

inquiétud

timidité

tristess

embarras

excitatio

jalousie

calme

peur

mauvaise
humeur

# Tableau des émotions

ÉMOTION
POSITIVE

ÉMOTION
NÉGATIVE

RÉVEIL    AVANT-MIDI    MIDI    APRÈS-MIDI    SOIRÉE    COUCHER

32